AF396734

La Commune   N° ordre et...

Pascal Grousset n°   1   Vuillière E   n° 25
Miot Jules   2   Jourde F   26
Combault Gustave   3   Dupont S   27
Assi Adolphe   4   Descamps   28
Gaillard père   5   Pilotell   29
Vermorel réd.   6   Gaillard Berl.   30
Blat Félix   7   Arnould père   31
Vallès Jules   8   Courbet Frédéric   32
Ranvier Gustave   9   Johannard Jules   33
Beslay Charles   10   Clément V   34
Alix Jules   11   Martin Cons   35
Rigault Raoul   12   Latolle   36
Verdure A   13   Léonard August   37
Demay Armand   14   Trinquet   38
Protot Eugène   15   Jaclard Alexandre   39
Cluseret Paul   16   Verlan   40
Pindy Louis   17   Cavalier Gustave   41
Vésinier Pierre   18   Rochefort Henri   42
Ferré Théophile   19   Beslay Ch   43
Delescluze Charles   20   Razoua Eugène   44
Miller   21   Champy G   45
Mey   22   Ferrat   46
Lefrançais   23   Parent Ulysse   47
Chalain Louis   24   Razoua   48

LA COMMUNE
Série de Portraits
avec Notice Biographique
EN VENTE
Chez les Marchands
de Pétrole
Ses Membres, ses Délégués et ses Journalistes
Imp. Benott à Versailles.
1871

La Commune
Série de Portraits
avec Notice Biographique
EN VENTE
chez
les Marchands
de
Pétrole
Ses Membres, ses Délégués et ses Journalistes
Imp. Benott à Versailles.

PASCHAL-GROUSSET

Ancien élève en Médecine. Grousset joua un rôle
important dans l'affaire Pierre Bonaparte. Collabora
à la Marseillaise avec Rochefort. Créa l'Affranchi,
sous la Commune, qui mourut faute d'abonnés.

Imp. A. Mardret édit. 8, rue Poulet.

MIOT (JULES)

Conspirateur de profession. A vieilli en prison.
Proposa le premier, l'organisation du Comité de
Salut Public. Fut le partisan déclaré des mesures
les plus extrèmes et les plus radicales.

Imp. A. Mordret édit, 6, rue Poulet.

COURBET (GUSTAVE)

Né à Ornans, le 10 Juin 1812.

Était Directeur des Beaux-Arts.

Peintre réaliste d'un grand talent. Fut le
principal auteur, paraît-il, de la démolition de la
Colonne Vendôme.

ASSI (ADOLPHE)

Ouvrier Mécanicien. Organisateur de la grève du Creuzot. Membre du Comité Central. Fut soupçonné un instant d'être un agent bonapartiste. Âgé de 31 ans.

Imprt Mardiet. rue St... Paul...

GAILLARD (PÈRE)

Ingénieur des Barricades sous la Commune.
Orateur de Réunions publiques. Phraseur préten=
tieux et sans talent. Gaillard était un ancien
Cordonnier habitant Belleville.

Imp. A. de Mordret, édit. 8, rue Poulet.

LE PÈRE DUCHÈNE

Journaliste et poète, né à Lille, en 1845,
Vermersch (Eugène), fut l'une des personnalités
les plus puissantes de la Commune. Ancien
rédacteur de l'Eclipse et du Figaro.

FELIX PIAT

Journaliste Rédacteur propriétaire du journal
Le Combat, en dernier lieu Le Vengeur.

Brave comme un Lièvre, et sentant le danger
de loin.

Imp. A. Mordrer, édit. 8, rue Pouleu.

JULES VALLÈS

Né au Puy en Juin 1833. Ancien Étudiant en droit. Rédacteur du Cri du Peuple, vota la suppression des Journaux hostiles à la Commune, cela dans le but évident de favoriser les feuilles communeuses.

MAROTEAU (GUSTAVE)

Journaliste et poête, genre du Père
Duchêne. Maroteau est d'une violence de
langage inouïe. S'est peumelé aux derniers
évènements de la Commune.

Âgé de 24 ans

Imp. A. Mordret édit. 8, rue Pouler.

LA COMMUNE N° 10

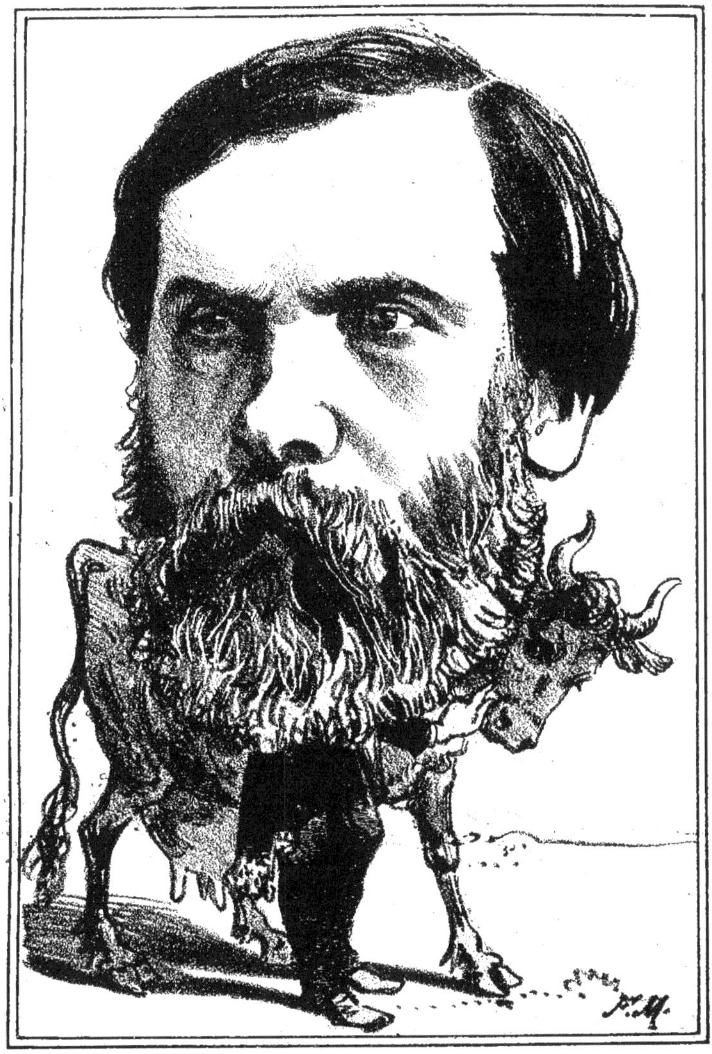

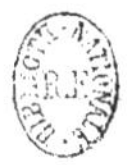

GAMBON (CHARLES)

Né à Bourges, le 19 Mars 1820. Fut reçu avocat à 19 ans. Ancien Déporté des affaires de Juin. Son refus sous l'Empire, de payer l'impôt, lui valurent la vente de sa ferme et de sa vache. Gambon s'est associé sous la Commune aux mesures les plus répressives.

Imp. A. Mordret édit. 8, rue Poulet.

ALLIX (JULES)

Né le 9 Septembre 1818 à Fontenay (Vendée) Orateur
de réunions publiques. Inventeur du Télégraphe
escargotique. Fut interdit par la Commune elle-
même en raison de ses bizarres arrêtés municipaux. Avait
été précédemment enfermé dans une maison de fous.

RIGAULT (RAOUL)

Né à Paris en 1842. Étudia la Médecine. L'un
des fanatiques de la Commune. S'intitulant
l'ennemi personnel de Dieu. Fut l'auteur
principal de l'amour des Otages qu'il fit fusiller
sous ses yeux.

Imp. A. Mordret. édit. 8, rue Poulet.

LA COMMUNE

N° 13

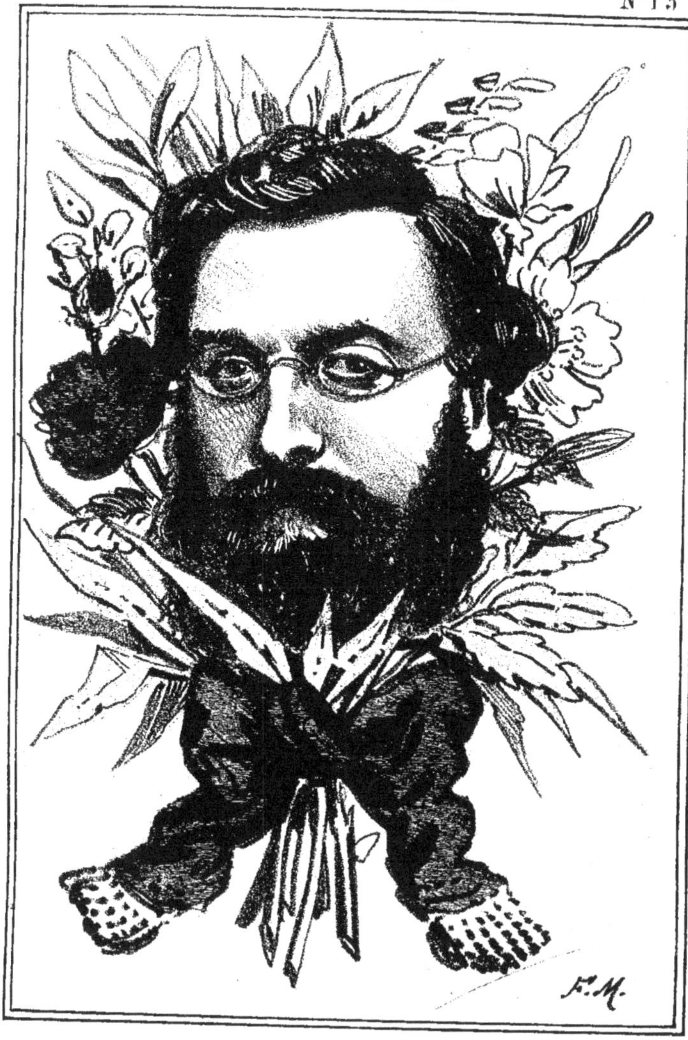

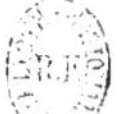

A. VERDURE

Né à Remilly (Pas-de-Calais) vers 1820. Ancien comptable, s'est beaucoup occupé d'Associations coopératives. Fut Caissier à la Marseillaise. Verdure, que son passé classait parmi les modérés, s'est montré en dernier lieu, l'un des énergumènes de la Commune.

Imp. A. Mordret, édit. 8 rue Poulet.

DEREURE (SIMON)

Ouvrier Cordonnier âgé de 40 ans. Dereure,
doit sa carrière politique à Rochefort qui fit de lui
le Gérant de son journal. C'est un ignorant et un
incapable, qui joint à cela une fatuité, une estime de
lui même qui le rend ridicule.

Imp. A. Mordret, édit. 8, rue Poulet.

PROTOT (EUGÈNE)

Avocat. Âgé de trente et un ans. Fils d'un paysan
de la Côte-d'Or. Nommé délégué à la Justice, il abolit
les charges d'Huissier, de Notaire, etc, et ordonna que
tous les officiers publics devaient dresser gratuitement
les actes de leur compétence.

Imp. A. Mordier édit. 8, rue Poulet.

CLUSERET (PAUL)

Né à Paris, le 13 Juin 1823.

Ancien Capitaine de Chasseurs. A pris part à la guerre d'Amérique, où il fut fait Général, l'un des plus actifs Agents de l'Internationale. Fut nommé Délégué à la Guerre par la commune, puis arrêté & destitué. Cluseret est celui qui a le plus contribué à rendre sérieuse la résistance des fédérés.

Imp. A. Mordret édit. 8 rue Poulet.

PINDY (LOUIS)

Ouvrier Menuisier Né à Brest en 1840. Pindy est un
homme d'une résolution énergique et d'une violence inouïe
Fut l'un des organisateurs de l'affaire du 18 Mars. Membre
de la Commission Militaire. C'est lui qui lors du
départ de la Commune incendia l'Hôtel-de-Ville
dont il avait été nommé Gouverneur.

Imp. A. Mordret édit, 8, rue Bouler.

VESINIER (PIERRE)

Agé de 45 ans. Vésinier fut longtemps le Secrétaire
d'Eugène Sue et collabora dit-on aux *Misères du Peuple,*
célèbre roman socialiste. C'est un écrivain d'un talent assez
remarquable. Auteur de plusieurs livres scandaleux.
Fut délégué par la Commune à la direction du Journal
Officiel. Vésinier est bossu et tout contrefait. Rochefort, un
jour de bonne humeur, le surnomma *Racine de buis.*

Imp. A. Mordret édit. 8, rue Couler.

FERRÉ (Théophile)

Ancien Clerc d'huissier, âgé de 26 ans.
L'un des membres de la Commission de Sûreté
générale, sur lequel pèseront la plupart des
arrestations arbitraires. Ferré a voté toutes les mesures
violentes. Homme ignorant et incapable.

DELESCLUZES (CHARLES)

Né le 2 Octobre 1809 à Dreux. (Eure-et-Loire).
Journaliste célèbre. L'un des rares hommes de
talent que la Commune comptait dans son sein.
Nommé Délégué à la Guerre sur les derniers
temps de la Commune, il est l'un de ceux sur qui
doivent retomber les résultats affreux de cette lutte sans
exemple dans l'histoire. Rédacteur en chef du Réveil.

MILLIÈRE

Ancien Avocat du Barreau de Sᵗ Étienne.
Fut Directeur de la Marseillaise. Publia
des articles d'Économie Sociale fort remarqués.
L'un des hommes marquants de la Commune.
Agé de Cinquantequatre ans.

Imp. A. Mordret, édit. 8, rue Poulet.

MÉGY

Né à Paris en 1844.

Nommé par la Commune, Gouverneur du fort d'Issy, Mégy est l'ouvrier fondeur qui tua sous l'empire l'agent de police venu pour l'arrêter.

Condamné à mort, il fut mis en liberté au 4 Septembre.

L'un des incendiaires de la Cour des Comptes.

Imp. A. Mordret édit. 8 rue Poulet.

LEFRANÇAIS

Né à Angers, le 28 Janvier 1826. Ancien instituteur primaire
révoqué en 1850 et proscrit au 2 Décembre. Orateur de réunions
publiques dans lesquelles il fit une propagande active en
faveur des idées communistes absolues. L'un des plus violents
adversaires du mariage, qu'il voulait remplacer par l'Union
libre. — Lefrançais, froid et énergique révolutionnaire, a
cependant voté, contre le Comité de Salut public.

Imp. Ve Morzier Fils.

CHALAIN (LOUIS).

Né le 10 Janvier 1845 à Plessis-Dorine (Loir-&-Cher).
Ouvrier tourneur en Cuivre, membre de l'Internationale. Ne parlait jamais, à la Commune, où il était
complétement effacé. Son ton prétentieux et son manque
absolu de politique l'ont, depuis longtemps rangé au nombre
des nullités de la Commune. A dû son élection à son titre de
membre de l'Internationale, et au souvenir du procès de Blois.

Imp. A. Mordret, édit. Rue Poulet.

C. LULLIER.

Officier de Marine, nommé au 18 Mars, Général en
Chef de la Garde Nationale, et membre d'une infinité de Comités.
Lullier, pâle copie de Don Quichotte, plus brave que méchant,
est l'un de ceux qui ont fait réussir le mouvement du 18 Mars.

Arrêté par ordre du Comité central, il s'évada de la
Conciergerie.

28 Ans environ.

Imp. A. Mordret édit, 8, rue Bouler.

F. JOURDE

Ex-Caissier d'une Maison de Banque, Membre de la
Commune et du Comité Central. Délégué aux Finances,
Jourde fit preuve d'une véritable aptitude pour ces délicates
fonctions. Auteur du Manifeste de la minorité. Adversaire
résolu du Comité de Salut Public.

Agé de 31 ans.

Imp. A. Mordret, édit. 8, rue Doudeauville.

A. DUPONT.

Condamné du procès de Blois, mis en liberté au 4
Septembre. Fut sous le premier siége Chef de la
Police Municipale. La Commune le délégua à la
Sûreté Générale dont il fut l'un des membres les plus
modérés.

Agé de Trente ans.

Imp. A. Mondret, édit., 8, rue Poulay.

DESCAMPS.

Ancien garçon marchand de vins. Ouvrier Mouleur.

Homme d'une nullité absolue. Complétement inconnu avant

le 18 Mars, il fut nommé Membre de la Commune, faute

de Candidat sérieux. Descamps n'a presque pas paru à

l'Hôtel-de-Ville et n'a fait partie d'aucune Commission.

Agé d'une trentaine d'années.

Imp. A. Mordret, édit. 8, rue Poulet.

LA COMMUNE

N°29

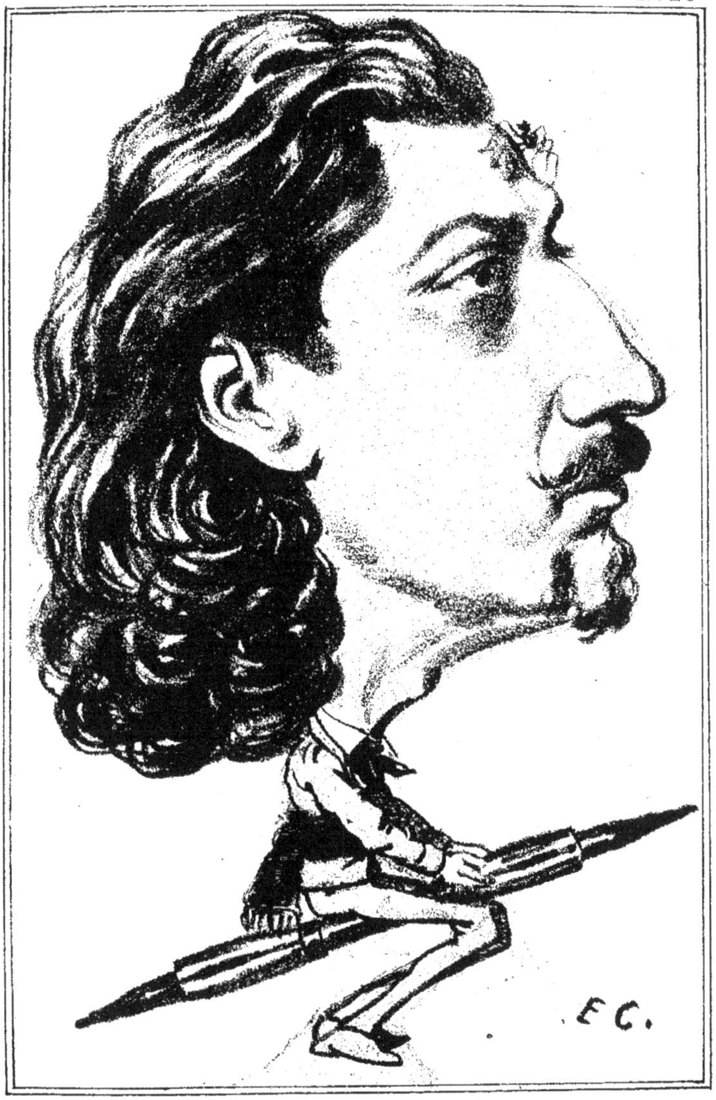

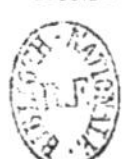

PILOTELL

Dessinateur sans talent. Ancien employé au Journal l'Eclipse. Pilotell est le Commissaire de Police dont les agissements illégaux motivèrent la destitution, basée sur de graves abus de pouvoir et sur des arrestations arbitraires.

Agé de 26 ans.

Imp. A. Mordret, édit, 8, rue Poulet.

LA COMMUNE

N° 30

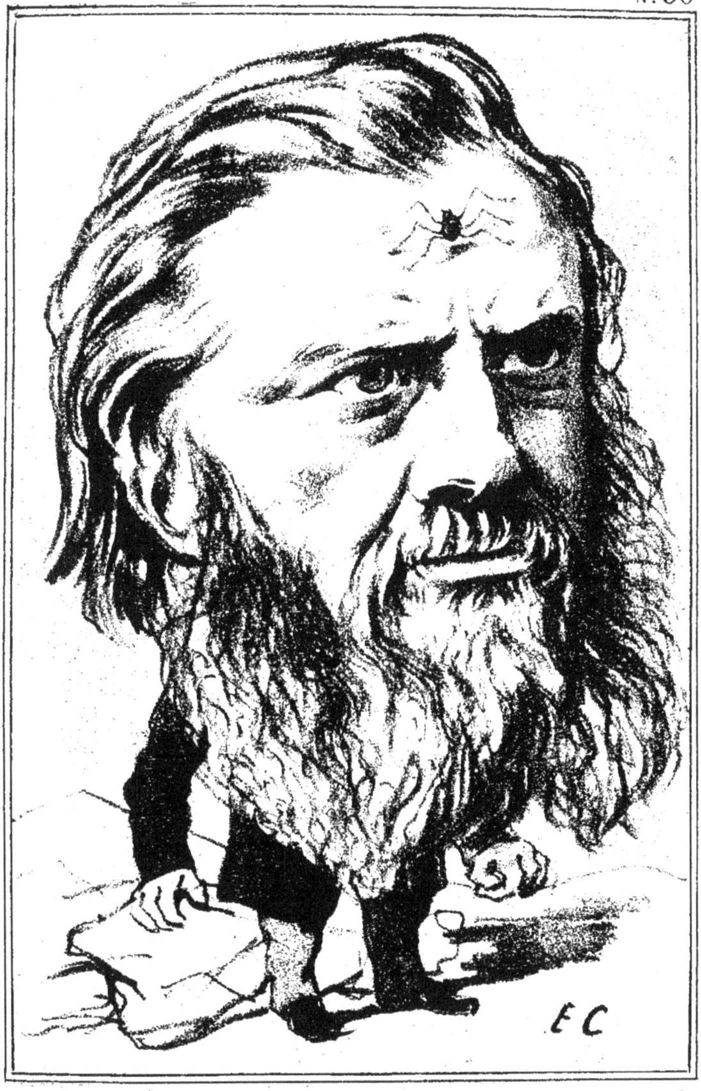

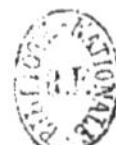

BENJ. GASTINEAU.

Nommé par la Commune, conservateur de la Bibliothèque Mazarine. Gastineau s'est peu mêlé au mouvement communal. Il a le tempérament d'un littérateur et pas du tout d'un homme politique.

Imp. A. Mordret édit, 8, rue Poulet.

ARTHUR ARNOULD

Homme de Lettres. Fils d'un Professeur au Collège
de France. Arnould est connu par ses articles de la
Marseillaise dirigés contre l'Empire. A voté
contre le Comité de Salut Public.

Âgé de 45 ans.

Imp. A. Mordret édit. 8, rue Pouler.

COURNET FRÉDÉRIC.

Rédacteur du Réveil. L'un des organisateurs de
l'enterrement de Victor Noir. Fut au 4 Septembre
nommé Commandant d'un Bataillon de Montmartre
et paya de sa personne à Drancy et à Bondy.
Cournet Jacobin convaincu, a voté pour le Comité de Salut
Public.

Âgé de 36 ans.

Imp. a Mordret dit, 8, rue Poulin.

JOHANNARD (JULES).

Né à Baume en 1843. Ouvrier feuillagiste fort habile,
Membre du Conseil Général de l'Internationale. Par
ordre du Comité de Salut Public, fut attaché au Général
La Cécilia, comme délégué civil. Partisan des mesures
répressives, il suivit la Majorité de la Commune dans
toutes ses décisions.

A. SICARD.

Nommé Membre de la Commune aux élections
complémentaires. A. Sicard fur placé dans la commission
de la Guerre où il ne rendit naturellement aucun service.
Son rôle fut très effacé à la Commune. Il vota toujours
avec la majorité. Sicard est borgne et porte un œil de
verre très réussi.

Âgé de 33 Ans.

TONY MOILIN

Le Docteur *Tony Moilin* était un ardent
socialiste bien connu des réunions publiques. —
Inventeur d'un médicament nouveau pour la guérison
des maladies des Yeux.

Imp. A. Mordret édit, 8 rue Poulet.

DACOSTA

Ex-Secrétaire de Raoul Rigault à la
Préfecture de Police. Figure éveillée & intelligente
Portera sans nul doute sa part de responsabilité
dans les actes arbitraires commis à la Préfecture
de Police.

Imp. A. Mordret édit, 8, rue Poulei.

VERMOREL (AUGUSTE)

Né à Dénicé, près Lyon, en 1841.
L'un des Écrivains démocratiques les plus persé-
cutés sous l'Empire. Auteur de talent et relativement
modéré. Fondateur du Courrier Français, mort
sous le coup des amendes et des mois de prison. Vermorel
était à la Commune l'adversaire résolu des mesures
violentes et arbitraires.

Imp. A. Mordret, édit. 8, rue Poulet.

TRINQUET

Ouvrier Cordonnier. — L'un des Organisateurs du
Comité Rochefort en 1869. Se mêla peu aux
discussions de la Commune. — Demanda que les
Gardes Nationaux ayant quitté Paris, fussent
frappés d'une forte contribution.
   Était Membre de la Commission de
Sûreté.

Imp. A. Mordret édit, 8 rue Poulet.

POTTIER (EUGÈNE)

Né à Paris, propriétaire directeur d'un Établissement de dessin industriel fort renommé. Fut dans sa
jeunesse Auteur-Chansonnier, assez en vogue. L'un
des Organisateurs des Chambres Syndicales. S'est
beaucoup occupé de socialisme. Pottier est un homme
d'énergie et d'une véritable intelligence. N'a pas adhéré au
manifeste de la minorité.
Âgé de 55 Ans.

Imp. A. Mordret, édit, 8, rue Poulet.

URBAIN

Orateur de réunions publiques. Ancien Instituteur
à Paris. Fut Membre de la commission d'enseignement
sous la Commune. Urbain qui trouvait la majorité
de la Commune trop modérée réclama l'exécution de
la loi sur les otages. A voté pour le Comité de Salut
Public.

Agé de 45 Ans.

Imp. A. Mordret édit. 8, rue Sulac

CAVALIER (GEORGES)

Né en 1842. Ingénieur-civil d'un mérite réel, surnommé
Pipe-en-bois, par Vallès, surnom qui lui resta. Nommé
préfet au 4 Septembre. Fut sous la Commune Directeur du
Service des Plantations

Fut Secrétaire de Gambetta.

Imp. A. Mordret, Edit. 8 rue Poulet.

ROCHEFORT (HENRY).

Écrivain humoristique bien connu. Fondateur de la
Lanterne. L'un de ceux qui contribuèrent à la chute
de l'Empire. Membre du Gouvernement au 4 Sept.bre
Fondateur de la Marseillaise et du Mot d'Ordre.
Agé de 41 ans.

LA COMMUNE

N° 43.

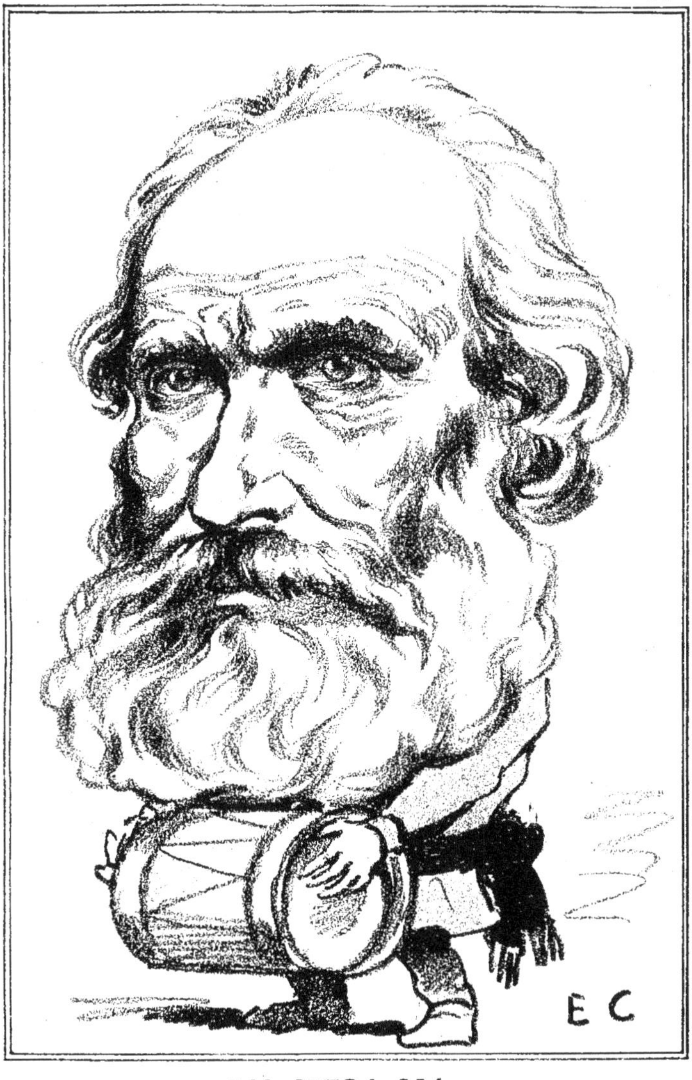

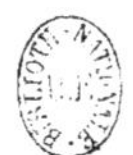

CH. BESLAY.

Né le 4 Juillet 1795 à Dinan (Bretagne). Ingénieur Civil distingué. Député en 1830. Commissaire général en 1848. Socialiste Proudhonien, il fonda sous Louis-Philippe, un atelier de construction de machines dans lequel il associa ses ouvriers. Il s'y ruina. Délégué à la Banque par la Commune, on lui doit la conservation de notre établissement financier.

Imp. A. Mordret édit. 8. rue Poulet

RANVIER (GABRIEL)

Peintre en laque très habile, qu'un procès en contrefaçon ruina! Communiste convaincu, Ranvier réclama dans les Clubs la liquidation sociale. Chef du 141.º Bat.ᵒⁿ de la Garde Nationale. Fut, avec Flourens, l'organisateur du mouvement insurrectionnel du 31 8.ᵇʳᵉ. En dernier lieu, Membre du Comité de Salut public.

Imp. A. Mordret, édit. 8, rue Poulet.

H. CHAMPY.

Âgé d'une trentaine d'années, H. Champy était totalement inconnu avant le 18 Mars. C'est un phraseur intarissable, qui veut parler sur tout, de tout et à propos de tout. Champy, qui n'a pas de passé politique, a voté pour le Comité de Salut public.

Imp. A. Mordret, édit. 8, rue Poulet.

FERRAT.

Ferrat a été nommé Membre du Comité Central,
lors de la formation de la fédération des Gardes Nationales.
Comme la plupart de ses collègues, Ferrat fut
toujours une sourde opposition aux actes de la Commune.
Âgé de 47 ans.

Imp. A. Mordret, édit. 8, rue Poulet.

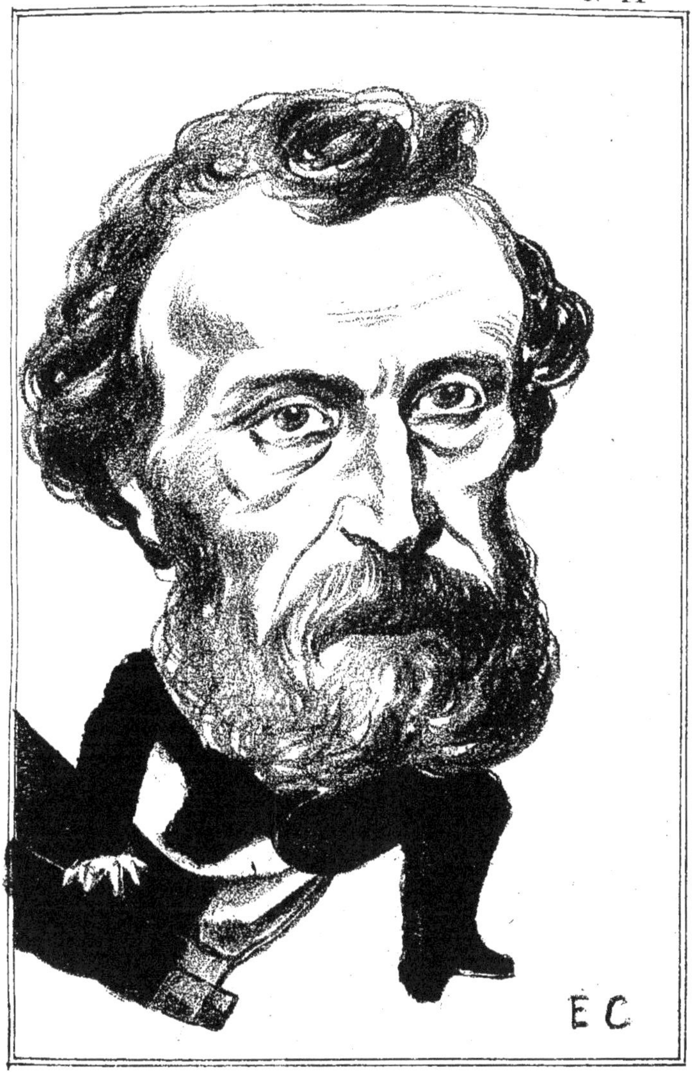

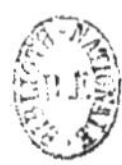

ULISSE PARENT

Élu Membre de la Commune par 4770 voix.
Ulisse Parent qui déplorait les violences de la majorité
donna sa démission. Arrêté, puis conduit à Versailles,
il fut jugé par le 4e Conseil de Guerre qui l'acquitta.

Imp. Mordret, 101 rue [illegible]

RASTOUL

Né à Marseille en 1831.
Nommé Médecin en Chef des Ambulances de la
Commune. Une question d'amour-propre lui fit donner
sa démission. Il parut alors très-rarement aux séances
de la Commune où il vota les mesures radicales.

Imp. A. Mordret, édit. 8 rue Poulet.

9 782019 227517